Knaur

Über die Herausgeberin:

Angela Troni, geboren 1970, studierte Literaturübersetzung und arbeitete als Lektorin für einen großen deutschen Verlag. Heute lebt und arbeitet sie als freie Lektorin und Autorin in München.

Liebe

Das schönste aller Gefühle

zusammengetragen von
Angela Troni

Knaur

Besuchen Sie uns im Internet:
www.droemer-knaur.de

Komplett überarbeitete Neuausgabe 2004

Umschlaggestaltung: ZERO Werbeagentur, München
Umschlagabbildung: Zefa
Gestaltung und Herstellung: Veronika Preisler, München
Satz: Ventura Publisher im Verlag
Druck und Bindung: Clausen & Bosse, Leck
Printed in Germany
ISBN 3-426-62605-5

2 4 5 3 1

Inhalt

Romantische Klassiker

Romantische Klassiker

Mal ist sie sanft, mal romantisch, dann wieder stürmisch und maßlos, von himmelhoch jauchzend bis zu Tode betrübt: Die Liebe, das schönste aller Gefühle, hat viele Facetten – und immer ist sie einmalig. Sie erst macht das Leben eines Menschen reizvoll, reich, erfüllt. Was wären die Menschen ohne die Liebe?

Und was erst die Dichter? Woher nähmen sie ihre Inspiration? Das großartige Gefühl – das schönste, das es gibt! – hat Autoren auf der ganzen Welt über Jahrtausende hinweg beschäftigt und zu romantischen Versen inspiriert: Einige der schönsten sind hier versammelt. In poetischen Bildern fangen die großen Meister der Dichtkunst die Gefühle Liebender ein, finden Worte, die mitten ins Herz treffen, in denen jeder, der jemals verliebt war, seine eigenen Gefühle wiederfinden wird.

Lassen Sie sich verzaubern!

Ich und du

Wir träumten voneinander
Und sind davon erwacht,
Wir leben, um uns zu lieben,
Und sinken zurück in die Nacht.

Du tratst aus meinem Traume,
Aus deinem trat ich hervor,
Wir sterben, wenn sich eines
Im andern ganz verlor.

Auf einer Lilie zittern
Zwei Tropfen, rein und rund,
Zerfließen in eins und rollen
Hinab in des Kelches Grund.

Friedrich Hebbel

Himmelhoch jauchzend,
zum Tode betrübt;
glücklich allein
ist die Seele, die liebt.

Johann Wolfgang von Goethe

Wie ein Pfeil entfleucht die Zeit,
immer wechselt Lust und Leid,
Liebe währt in Ewigkeit.

Eduard Mörike

Kein Feuer, keine Kohle
kann brennen so heiß,
als heimliche Liebe,
von der niemand nichts weiß.

Volkslied

Ich liebe sie mit Allgewalt,
nichts kann die Liebe hemmen!
Das ist wie ein wilder Wasserfall,
du kannst seine Flut nicht dämmen!

Heinrich Heine

Liebe ist
die Poesie der Sinne.

Honoré de Balzac

Die Liebe hemmet nichts;
sie kennt nicht Tür noch Riegel,
und dringt durch alles sich;
sie ist ohn' Anbeginn, schlug ewig ihre Flügel,
und schlägt sie ewiglich.

Matthias Claudius

Lieb' ist nicht wenig und nicht viel,
denn Lieb' ist ohne Maß und Ziel.

Friedrich Halm

Du bist mîn, ich bin dîn:
des solt dû gewis sîn.
dû bist beslozzen
in mînem herzen:
verlorn ist das slüzzelîn:
dû muost immer drinne sîn.

Unbekannter Verfasser

Erst seit ich liebe,
weiß ich,
dass ich lebe.

Theodor Körner

Vergangen sei vergangen
und Zukunft ewig fern:
In Gegenwart gefangen
verweilt die Liebe gern.

Clemens Brentano

Darin besteht die Liebe:
Dass sich zwei Einsame beschützen und berühren
und miteinander reden.

Rainer Maria Rilke

Heut' ist mir alles herrlich;
wenn's nur bliebe!
Ich sehe heute
durchs Augenglas der Liebe.

Johann Wolfgang von Goethe

Der, den ich liebe, ist strahlend und feurig,
er sticht hervor unter tausend Männern.
Ein Anblick ist er, prächtig wie Gold.
Sein schwarzes Haar ist wie eine Dattelpalme,
durch die der Wind streicht.
Seine Arme sind wie gedrechseltes Gold,
mit Edelsteinen besetzt.
Seine Schenkel sind wie Marmor
auf goldenen Sockeln.
Seine Schultern und Hüften sind wie Elfenbein,
über und über mit Saphir bestückt.
Schlank gewachsen ist er wie die Zeder des Libanon.
Sein Bart ist wie duftiges Buschwerk
am Rande des Gartens.
Seine Augen, seine Wangen, sein Mund, seine Zähne,
alles, alles ist herrlich an ihm.

Schulammit

Die Liebe ist schlauer als die Bosheit
und kühner.

Friedrich von Schiller

Leidenschaft ist ein süßer Wein,
geschlürft aus glühendem Becher.
Er labt bis ins innerste Mark hinein
und versengt die Lippe dem Zecher.

Paul Heyse

Es ist mit der Liebe wie mit den Pflanzen:
Wer Liebe ernten will, muss Liebe säen.

Jeremias Gotthelf

Doch ewig bleibt der Pfeil in deiner Brust;
ich kenn' ihn, nie vernarben seine Wunden.
Dein Frieden ist vorbei:
Du hast empfunden.

Friedrich von Schiller

Der Schmerz der Liebe,
wie die Liebe, bleibt
unteilbar und unendlich.

Johann Wolfgang von Goethe

Alle Liebe ist auf Tragik angelegt.
Nur stirbt die glückliche an Übersättigung und die unglückliche an Hunger. Es stirbt sich aber langsamer und schmerzlicher an Hunger.

Lou Andreas-Salomé

Kein Unfall, keine Zeit wird rechte Liebe trennen;
die Liebe, so zergeht, war Liebe nicht zu nennen.

Andreas Tscherning

Ein Jüngling liebt ein Mädchen

Ein Jüngling liebt ein Mädchen,
Die hat einen andern erwählt;
Der andre liebt eine andre,
Und hat sich mit dieser vermählt.

Das Mädchen heiratet aus Ärger
Den ersten besten Mann,
Der ihr in den Weg gelaufen;
Der Jüngling ist übel dran.

Es ist eine alte Geschichte,
Doch bleibt sie immer neu;
Und wem sie just passieret,
Dem bricht das Herz entzwei.

Heinrich Heine

O Stern und Blume, Geist und Kleid,
Lieb, Leid und Zeit und Ewigkeit!

Clemens Brentano

Die Lieb ist wie ein Wiegenlied;
es lullt dich lieblich ein;
doch schläfst du kaum, so schweigt das Lied,
und du erwachst allein.

Theodor Storm

Die Liebesfreuden, die wir zusammen genossen haben, sie brachten so viel beseligende Süße – ich kann sie nicht verwerfen, ich kann sie kaum aus meinen Gedanken verdrängen.

Heloise

Ach, wie glücklich, stark und satt
sind die Liebsten feiler Weiber!
Ich umschlang der Wolken Leiber,
meine Arme wurden matt.

Charles Baudelaire

Liebe

O reiche Armut! Gebend, seliges Empfangen!
In Zagheit Mut! In Freiheit doch gefangen.
In Stummheit Sprache,
Schüchtern bei Tage,
Siegend mit zaghaftem Bangen!

Lebendiger Tod, im Einen selges Leben
Schwelgend in Not, im Widerstand ergeben,
Genießend schmachten,
Nie satt betrachten
Leben im Traum und doppelt Leben.

Karoline von Günderode

Ah, rief' sie nach mir!
Wär es vergönnt!
Den Durst zu stillen,
der mein Herz verbrennt.

Dante Alighieri

Oh! Käme eine, ganz von selbst,
an einem schönen Tag,
die nur an meinen Lippen trinken
oder sterben mag.

Jules Laforque

Und nur von Liebe will ich singen,
die dieser Erde weitem Raum,
zwar nicht ein Paradies kann bringen,
doch eines Paradieses Traum.

Friedrich Rückert

Freundschaft ist weit tragischer als Liebe;
sie dauert länger.

Oscar Wilde

O zarte Sehnsucht, süßes Hoffen,
der ersten Liebe goldne Zeit!
Das Auge sieht den Himmel offen,
es schwelgt das Herz in Seligkeit.
O dass sie ewig grünen bliebe,
die schöne Zeit der ersten Liebe!

Friedrich von Schiller

Solch treuer Narr ist Liebe: Deinem Wollen,
wie du auch wandelst, wird sie nimmer grollen.

William Shakespeare

O süßester Knabe, geliebteste Liebe, meine Seele umfasst deine Seele, mein Leben ist dein Leben, und in allen Welten des Leides und der Lust bist du der Inbegriff meiner Bewunderung und Freude.

Aus einem Liebesbrief, geschrieben aus dem Gefängnis, von Oscar Wilde an Lord Alfred Douglas

Du fragst mich, Kind, was Liebe ist?
Ein Stern in einem Haufen Mist.

Heinrich Heine

Der kannte nie der Liebe Lust und Schmerz,
der nie erfuhr, wie süß ihr Atem fächelt,
wie wundersüß die Lippe spricht und lächelt.

Francesco Petrarca

Man sieht nur mit dem Herzen gut,
das Wesentliche ist für die Augen unsichtbar.

Antoine de Saint-Exupéry

Eifersucht ist eine Leidenschaft,
die mit Eifer sucht,
was Leiden schafft.

Friedrich Schleiermacher

Wenn's dir in Kopf und Herzen schwirrt,
was willst du Bessres haben!
Wer nicht mehr liebt und nicht mehr irrt,
der lasse sich begraben!

Johann Wolfgang von Goethe

Sonett XVIII

Soll ich dich einem Sommertag vergleichen?
Anmutiger, gemäßigter bist du.
Des Maies Lieblinge jagt Sturmwind
von den Zweigen,
Und nur zu früh gehen Sommers Pforten zu.
Bald scheint zu heiß des Himmels Auge, bald
Umdunkelt sich sein goldner Kreis; es weilet
Das Schöne nie in seiner Wohlgestalt,
Vom Zufall, vom Naturlauf übereilet.
Du aber sollst in ewgem Sommer blühn,
Nie deiner Schönheit Eigentum veralten;
Nie soll dich Tod in seine Schatten ziehn,
Solange Menschen atmen, Augen sehn,
So lang lebt dies, und heißt dich fortbestehen.

William Shakespeare

Unter deinem Haupt die Linke,
muss dich meine Rechte herzen;
wenn ich deinen Kuss nicht trinke,
muss verdürsten ich in Schmerzen.

Clemens Brentano

Ob ich dich liebe, weiß ich nicht.
Seh ich nur einmal dein Gesicht,
seh dir ins Auge nur einmal,
frei wird mein Herz von aller Qual.

Johann Wolfgang von Goethe

Mag da draußen Schnee sich türmen,
mag es hageln, mag es stürmen,
klirrend mir ans Fenster schlagen,
nimmer will ich mich beklagen,
denn ich trage in der Brust,
Liebchens Bild und Frühlingslust.

Heinrich Heine

Und nun ruh' ich dir zu Füßen,
bin ganz krank vor Lust und Weh;
sag, Süß' Lieb, sag, darf ich küssen,
dich, die schmerzt, die kleine Zeh?

Christian Morgenstern

Im Garten

Die hohen Himbeerwände
Trennten dich und mich,
Doch im Laubwerk unsre Hände
Fanden von selber sich.

Die Hecke konnt' es nicht wehren,
Wie hoch sie immer stund:
Ich reichte dir die Beeren,
Und du reichtest mir deinen Mund.

Ach, schrittest du durch den Garten
Noch einmal im raschen Gang,

Wie gerne wollt' ich warten,
Warten stundenlang.

Theodor Fontane

Ich habe da dein Blut gespürt
und wie es heiß zu mir hinüberrann.
Du hast nur mein Gesicht berührt,
da starb er einfach hin, der harte Mann.

François Villon

Was rau ist, Liebe macht es weich,
macht Heldenseelen zag,
die Feigen kühn, den Armen reich
und wandelt Nacht in Tag.

Dschalal Ud-Din Rumi

Überall Nacht ist ohne Liebe,
überall Tag, wo Liebe lacht;
wenn die Sonne fern auch bliebe,
Lieb' ist Mond in sel'ger Nacht.

Franz Grillparzer

Liebe
kennt der allein,
der ohne Hoffnung liebt.

Friedrich von Schiller

Soll zu Asche mir zerfallen
dieser Glieder Götterpracht?
Mein! er war es, mein vor allen!
Ach, nur eine süße Nacht!

Johann Wolfgang von Goethe

Es wird kein stolzes Schloss gebauet,
es wird kein edles Bild geschnitzt,
die Liebe hat es durchgeschauet,
die Liebe hat hindurchgeblitzt.

Clemens Brentano

Erst unter Kuss und Spiel und Scherzen
erkennst du ganz, was Leben heißt;
o lerne denken mit dem Herzen,
und lerne fühlen mit dem Geist.

Theodor Fontane

Besser zu tauschen
Ruhe mit Schmerz,
als in sich tragen,
Lieblos das Herz.

Juan del Encina

Liebes-Lied

Wie soll ich meine Seele halten, dass
Sie nicht an deine rührt? Wie soll ich sie
Hinheben über dich zu andern Dingen?
Ach, gerne möchte ich sie bei irgendwas
Verlorenem im Dunkel unterbringen
An einer fremden stillen Stelle, die
Nicht weiterschwingt, wenn deine Tiefen schwingen.
Doch alles, was uns anrührt, dich und mich,
Nimmt uns zusammen wie ein Bogenstrich,
Der aus zwei Saiten eine Stimme zieht.
Auf welches Instrument sind wir gespannt?
Und welcher Geiger hat uns in der Hand?
O süßes Lied.

Rainer Maria Rilke

Ha – plötzlich lodern dich zu seh'n
in deiner ganzen glüh'nden Pracht,
und dann im Brande zu vergeh'n,
den ich doch selber angefacht.

Thomas Moore

O gieße tief ins Herz hinein,
du Gottesglanz und Himmelsschein,
die Flamme deiner Liebe.

Philipp Nicolai

Was Prügel sind, das weiß man schon,
was aber Liebe ist,
das hat noch keiner herausgebracht.

Heinrich Heine

Liebe, die von Herzen liebt,
ist am reichsten, wenn sie gibt;
Liebe, die von Opfern spricht,
ist schon rechte Liebe nicht.

Emanuel Geibel

Ich habe Sie sehr lieb gewonnen,
bin gerne in Ihr Haus gekommen,
möcht' gern in Ihrem Herzen wohnen,
mit ewiger Treue Sie belohnen.
Oh, lassen Sie – darf ich wohl hoffen? –
die Tür zum Herzen ein Stück offen!

Unbekannter Verfasser

Lieb' und Lust macht Mühe gering;
Liebe ist ein schönes Ding.

Franz Grillparzer

Du fragst mich unter heißen Küssen,
warum wir leben, lieben müssen,
warum so früh die Locke bleicht?
O ahn es jetzt in süßem Beben:
Ein schweres Rätsel ist das Leben,
allein die Liebe löst es leicht.

Rudolf von Gottschall

Was aus Liebe geschieht,
ist nicht moralisch, sondern religiös.

Friedrich Nietzsche

Es blüht ein schönes Blümchen
auf unserer grünen Au,
sein Aug' ist wie der Himmel,
so heiter und so blau.
Es weiß nicht viel zu reden,
und alles, was es spricht,
ist immer nur das eine,
ist nur: Vergiss mein nicht!

August Heinrich Hoffmann von Fallersleben

Oh, lächle nicht, geliebte Schöne,
so freundlich heiter, lächle nicht!
Oh, weine lieber eine Träne
Küss' ich so gern dir vom Gesicht.

Heinrich Heine

In seiner Liebsten Armen
entschlafen und erwarmen,
ist, was in dieser Zeit
uns einzig noch erfreut.

Simon Dach

Die süße Stund werd' ich nie vergessen,
als mich der liebe Leib so süß umschlungen,
auch du von meinem Leben warst durchdrungen
und beid' umschwebt ein seliges Vergessen!

Friedrich Schlegel

Das ist der Liebe heil'ger Götterstrahl,
der in die Seele schlägt und trifft und zündet,
wenn sich Verwandtes zu Verwandtem findet.

Theodor Fontane

Die schöne Nacht

Gern verlass' ich diese Hütte,
Meiner Schönen Aufenthalt,
Und durchstreich mit leisem Tritte
Diesen ausgestorbnen Wald.

Luna bricht die Nacht der Eichen,
Zephirs melden ihren Lauf,
Und die Birken streun mit Neigen
Ihr den süßten Weihrauch auf.

Schauer, der das Herze fühlen,
Der die Seele schmelzen macht,
Wandelt im Gebüsch im Kühlen.
Welche schöne, süße Nacht!

Freude! Wollust! Kaum zu fassen!
Und doch wollt' ich, Himmel, dir
Tausend deiner Nächte lassen,
Gäb' mein Mädchen eine mir.

Johann Wolfgang von Goethe

Wie könnt' ich dich vergessen!
Dein bin ich allezeit.
Ich bin mit dir verbunden,
mit dir in Freud' und Leid.

August Heinrich Hoffmann von Fallersleben

Ich hab' dich so lieb,
ich würd' dir ohne Bedenken
eine Kachel
aus meinem Ofen schenken

Joachim Ringelnatz

Lieb' ist, der nichts gleich zu schätzen,
wenn man alles Gold der Welt
gleich wollt' auf die Waage setzen.
Lieb' ist, die den Ausschlag hält;
Lieb' ist trotz der Silberhaufen
nur durch Liebe zu erkaufen.

Andreas Gryphius

Wo du dich selber liebest,
so liebe mich,
gib mir, dass, wann du gibest,
verlier auch ich.

Martin Opitz

Willst du dein Herz mir schenken,
so fang es heimlich an,
dass unser beider Denken
niemand erraten kann.

Unbekannter Verfasser

Ich liebte! – wer liebt nicht? –
doch Wonne kaum fühlt
das Herz,
drin die lodernde Leidenschaft wühlt.

Lord Byron

Liebe – sagt man schön und richtig –
ist ein Ding, das äußerst wichtig.

Wilhelm Busch

♡

Ich bin mir meiner Seele
in deiner nur bewusst,
mein Herz kann nimmer ruhen
als nur an deiner Brust!
Mein Herz kann nimmer schlagen,
als nur für dich allein.
Ich bin so ganz dein eigen,
So ganz auf immer dein.

Theodor Storm

Liebesglück

O wie so leicht in seligen Genüssen
Sich mir die Stunden jetzt dahinbewegen!
Ins Auge schau' ich dir, bist du zugegen,
Und von dir träum' ich, wenn wir scheiden müssen.

Oft zügeln wir die Sehnsucht mit Entschlüssen,
Doch will sich stets ein neu Verlangen regen,
Und wenn wir kaum verständ'ger Rede pflegen,
Zerschmilzt sie wieder uns und wird zu Küssen.

Der erste weckt Begier nach tausend neuen,
Es folgt auf Liebeszeichen Liebeszeichen,
Und jedes scheint uns höher zu erfreuen.

Nun erst begreif' ich ganz den Lenz, den reichen,
Wenn er nicht endet, Rosen auszustreuen,
Die alle schön sind und sich alle gleichen.

Emanuel Geibel

Wunderlichstes Buch der Bücher
ist das Buch der Liebe;
aufmerksam hab' ich's gelesen:
wenig Blätter Freuden,
ganze Hefte Leiden.

Johann Wolfgang von Goethe

Diese Rose pflück' ich hier,
in der fremden Ferne;
liebes Mädchen, dir, ach dir
brächt ich sie so gerne!

Nikolaus Lenau

Fragst du mich, woher die bange
Liebe mir zu Herzen kam,
und warum ich ihr nicht lange
schon den bittern Stachel nahm?

Eduard Mörike

Mein Herz, ich will dich fragen:
»Was ist die Liebe, sag?«
»Zwei Seelen und ein Gedanke,
zwei Herzen und ein Schlag!«

Friedrich Halm

O brich nicht, Steg, du zitterst sehr!
O stürz nicht, Fels, du dräuest schwer!
Welt, geh nicht unter, Himmel, fall nicht ein,
eh ich mag bei der Liebsten sein.

Ludwig Uhland

Ich will's dir nimmer sagen,
wie ich so lieb dich hab',
im Herzen will ich's tragen,
will stumm sein wie ein Grab.

Robert Prutz

Liebe fragte Liebe: »Was ist noch nicht mein?«
Sprach zur Liebe Liebe: »Alles, alles dein!«
Liebe küsste Liebe: »Liebste, liebst du mich?«
Küsste Liebe Liebe: »Ewig, ewiglich!«

Börries von Münchhausen

Ich frage dein Herz nicht,
ob es schuldig ist.
Ich weiß nur, ich liebe dich,
was du auch bist.

Thomas Moore

Die Irrtümer des Menschen machen ihn eigentlich liebenswert.

Johann Wolfgang von Goethe

Und doch, welch Glück, geliebt zu werden!
Und lieben, Götter, welch ein Glück!

Johann Wolfgang von Goethe

Die Sehnsucht lässt alle Dinge blühen.

Marcel Proust

Mein liebster Junge, dieser Brief soll dich meiner unsterblichen, meiner ewigen Liebe versichern. Morgen wird alles vorüber sein. Sollten Gefängnis und Schande mein Los sein, so denke daran, dass meine Liebe zu dir und der Gedanke, dieser noch göttlichere Glaube, dass du mich wiederliebst, mich in meinem Unglück aufrecht halten und mir, so hoffe ich, die Kraft verleihen wird, mein Leid in Geduld zu tragen. Weil die Hoffnung, nein, die Gewissheit, dir in irgendeiner Welt zu begegnen, Ziel und Ansporn meines jetzigen Lebens ist, muss ich in dieser Welt weiterleben.

Aus einem Liebesbrief, geschrieben aus dem Gefängnis, von Oscar Wilde an Lord Alfred Douglas

Aus Lieb' oder Vernunft zu frei'n?
Wie sollte es nicht dasselbe sein?
Da es doch nichts Vernünftigers gibt,
als eine nehmen, die man liebt.

Paul Heyse

Liebe ist das höchste Glück;
alles, was sonst noch glücklich macht, kommt erst
nachher. Ohne zu überlegen, würde ich selbst den
süßesten Honig ausspucken,
müsste ich zwischen ihm und der Liebe wählen.

Nossis

Es muss was Wunderbares sein
ums Lieben zweier Seelen!
Sich schließen ganz einander ein,
sich nie ein Wort verhehlen!
Und Freud' und Leid, und Glück und Not
so miteinander tragen!
Vom ersten Kuss bis in den Tod
sich nur von Liebe sagen.

Oskar von Redwitz

Was selten ist, das liebt man sehr.
Nun lieb' ich dich zwar recht;
doch säh' ich dich so selten nicht,
ich liebte dich noch mehr.

Franz Grillparzer

Magst du zweifeln, dass die Sterne glühen,
magst du zweifeln, dass die Sonne sich bewegt,
magst du die Wahrheit für Lüge halten,
zweifle aber niemals an der Liebe.

William Shakespeare

Ohne Liebe
lebe, wer da kann.
Wenn er auch ein Mensch schon bliebe,
bleibt er doch kein Mann.

Gotthold Ephraim Lessing

Die Liebe bricht herein wie Wetterblitzen,
die Freundschaft kommt wie sanftes Mondenlicht;
die Liebe will erwerben und besitzen,
die Freundschaft opfert, doch sie fordert nicht.

Emanuel Geibel

Du bist die Ruh',
der Friede mild,
die Sehnsucht du,
und was sie stillt.
Ich weihe dir
voll Lust und Schmerz
zur Wohnung hier
mein Aug' und Herz.

Friedrich Rückert

Um geliebt zu werden,
sei liebenswürdig!

Ovid

Ich hab' ein kleines Hüttchen nur,
steht fest auf einer Wiesenflur
an einem Bach, der Bach ist schön:
Willst du mit mir ins Hüttchen gehen?

Johann Wilhelm Ludwig Gleim

Eine schöne Menschenseele finden
ist Gewinn, ein schönerer Gewinn,
sie erhalten, und der schönste und schwerste,
sie, die schon verloren war, zu retten.

Johann Gottfried Herder

Liebesbrief

So kann es nun nicht weitergehn!
Das, was besteht, muss bleiben.
Wenn wir uns wieder sehn,
Muss irgendwas geschehn,
Was wir dann auf die Spitze treiben.
Was – was auf einer Spitze tut?
Gewiss nicht Platitüden.
Denn was auf einer Spitze ruht,
Wird nicht so leicht ermüden.
Auf einer Bank im Grunewald
Zu zweit im Regen sitzen,
Ist blöd. Mut, Mädchen! Schreibe bald!
Dein Fritz! (Remember Spitzen.)

Joachim Ringelnatz

Für dich allein,
für dich nur will ich leben.
Dir ewig treu ergeben,
im schönsten Blumenspiel,
du! meiner Wünsche Ziel.

Unbekannter Verfasser

Wenn du ein Herz gefunden,
das treu es mit dir meint
in guten und in bösen Stunden,
bleib eng mit ihm vereint!

Albert Traeger

Freund, der Tauber girrt,
sieh, der Tauber schwirrt
um sein liebes Täubchen:
Nimm auch du ein Weibchen,
wie's der Tauber tut,
und sei wohlgemut.

Ludwig Christoph Heinrich Hölty

Verlass dich auf mich:
Ich liebe dich!
Verlässt du mich,
so weine ich.

Unbekannter Verfasser

Ganz war mein Herz an deiner Seite
Und jeder Atemzug für dich.
Ein rosafarbnes Frühlingswetter
Umgab das liebliche Gesicht,
Und Zärtlichkeit für mich – Ihr Götter!
Ich hofft es, ich verdient es nicht!

Johann Wolfgang von Goethe

Besser, dass das Herz dir bricht
von dem Kuss der Rose,
als du kennst die Liebe nicht
und stirbst liebelose.

Friederike Robert

Liebesnacht

Nun lös ich sanft die lieben Hände,
Die du mir um den Hals gelegt,
Dass ich in deinen Augen finde,
Was dir das kleine Herz bewegt.

O sieh die Nacht, die wundervolle;
In ferne Länder zog der Tag.
Der Birke Zischellaub verstummte,
Sie horcht dem Nachtigallenschlag.

Der weiße Schlehdorn uns zu Häupten,
Er ist die liebste Blüte mir;
Trenn ab ein Zweiglein, eh wir scheiden,
Zu dein und meines Hutes Zier.

Lass, Mädchen, uns die Nacht genießen!
Allein gehört sie mir und dir.
Die Blüte will ich aufbewahren
An diese Frühlingsstunde hier.

Detlev von Liliencron

Nenne mir den weiten Mantel,
drunter alles sich verstecket;
Liebe tut's, die alle Mängel gerne hüllt
und fleißig decket.

Friedrich von Logau

Das sah ich heut' auf abendlichen Höhn:
– In meinem Herzen brannte alle Glut –
Es ist doch alles nur aus Liebe schön!
Es ist doch alles nur aus Liebe gut!

Will Vesper

Nimm aus dem Leben der Menschen
die Liebe, dann
hast du der Welt ihre
Sonne entrissen.

Ambrosius

Liebe hört auf keine Lehre,
weiß im Leben nicht ein noch aus.
Wenn es nicht die Liebe wäre,
man sperrte sie ins Irrenhaus.

Friedrich Halm

Und ging auch alles um und um,
in dir, in mir, ich lieb' dich drum,
ich lieb' dich drum, weil du mir bliebst,
ich lieb' dich drum, weil du vergibst,
ich lieb' dich, – ach, warum »Warum«?
Und blieb' auch meine Lippe stumm,
ich lieb' dich drum, weil du mich liebst.

Theodor Fontane

Das höchste Glück, so nah,
macht, dass ich bebe –
O Liebster, wüsstest Du,
was ich Dir gebe.

Emanuel Geibel

Mein einziges Streben war es, in meinem leidenden, brennenden Herzen die Flammen zu dämpfen, und wenn dieses mein Missgeschick sich mir jetzt heftiger denn je entgegenstellt, so schreckt es mich nicht, wie es mich nie abschrecken wird, Euch trotz allem zu lieben, Euch als meines Lebens einzige und geliebte Herrin zu betrachten, Euch mit all jener reinen und hehren Treue zu dienen, mit der ein unwandelbar innig Liebender jener Frau, die er über allen irdischen Dingen liebt und ehrt, dienen kann. Inständig bitte ich Euch, ändert Eure Liebe nicht und werdet nicht traurig darüber, dass sich, wie Ihr seht, viele Dinge unseren Wünschen hindernd in den Weg stellen, sondern denkt daran, Eure Liebe zu kräftigen, je schwieriger sich Euch Euer Unterfangen darbietet. Denkt daran, dass ein jeder dann zu lieben weiß, wenn die Verhältnisse günstig und glücklich liegen, doch wenn tausend Widerstände und Schwierigkeiten, tausend Hindernisse, tausend Schranken, tausend Mauern zu überwinden sind, dann weiß nicht ein jeder zu lieben; oder wenn er es weiß, hat er nicht den Willen dazu, und wenn er es doch will, so besitzt er keine Ausdauer. So ist dies etwas höchst Seltenes, und da es sehr selten ist, so ist es auch schöner, hochherziger, lobenswerter und bedeutsamer, ein Zeichen erhabenen und edlen Herzens.

Aus einem Liebesbrief
von Pietro Bembo an Lucrezia Borgia

Wer in der Liebe lebt, ist bei Vernunft doch toll;
wer in der Liebe lebt, ist nüchtern dennoch voll.

Friedrich von Logau

♡

O lieb, solang du lieben kannst!
O lieb, solang du lieben magst!
Die Stunde kommt, die Stunde kommt,
wo Du an Gräbern stehst und klagst.
Und sorge, dass dein Herze glüht
und Liebe hegt und Liebe trägt,
solang ihm noch ein ander Herz
in Liebe warm entgegenschlägt!

Ferdinand Freiligrath

Ich verschone dich mit Klagen;
doch das eine muss ich sagen,
immer sagen: Dir allein
ist und wird mein Leben sein.
Mir im Herzen bist du mein;
ewig, ewig bleib ich dein.

Johann Wolfgang von Goethe

Des Mannes Liebe steht
von des Mannes Leben getrennt,
doch ist's der Frauen Dasein ganzer Sinn.

Lord Byron

Liebe die Menschen, mit denen Dich das Schicksal zusammenführt, tue dies mit ganzem Herzen!

Marc Aurel

O glücklich, wer ein Herz gefunden,
das nur in Liebe denkt und sinnt
und, mit der Liebe treu verbunden,
sein schöneres Leben erst beginnt.
Wo liebend sich zwei Herzen einen,
nur eins zu sein in Freud und Leid,
da muss des Himmels Sonne scheinen
und heiter lächeln jede Zeit.

August Heinrich Hoffmann
von Fallersleben

Auf Flügeln des Gesanges,
Herzliebchen, trag' ich dich fort,
fort nach den Fluren des Ganges,
dort weiß ich den schönsten Ort.

Dort wollen wir niedersinken
unter dem Palmenbaum,
und Liebe und Ruhe trinken
und träumen seligen Traum.

Heinrich Heine

Schön ist eigentlich alles,
was man mit Liebe betrachtet.

Christian Morgenstern

Ich schnitt' es gern in alle Rinden ein,
ich grüb' es gern in jeden Kieselstein,
ich möcht' es sä'n auf jedes Gartenbeet
mit Kressesamen, der es schnell verrät,
auf jeden weißen Zettel möcht' ich's schreiben:
Dein ist mein Herz und soll es ewig bleiben.

Wilhelm Müller

Hass als minus und vergebens
wird vom Leben abgeschrieben.
Positiv im Buch des Lebens
steht verzeichnet nur das Lieben.

Wilhelm Busch

Sei hoch beseligt oder leide,
das Herz bedarf ein zweites Herz.
Geteilte Freud' ist doppelte Freude,
geteilter Schmerz ist halber Schmerz.

Christoph August Tiedge

Was passt, das muss sich ründen,
was sich versteht, sich finden,
was gut ist, sich verbinden,
was liebt, zusammen sein.

Novalis

Liebe ist eine Glocke,
welche das Entlegenste und
Gleichgültigste wieder tönen lässt
und in eine besondere Musik verwandelt.

Gottfried Keller

Willst du in meinem Himmel
mit mir leben?
Sooft du kommst,
er soll dir offen sein!

Friedrich von Schiller

Die Lieb' ist süß wie würziger Rosenduft,
der unsichtbar beseelt die warme Luft
und trunken macht die honigdurst'gen Bienen.
Doch Lieb' ist kurz auch wie der Rose Tag,
der schneller endet als der süße Schlag
der Nachtigall, die sie beweint im Grünen.

Wolfgang Menzel

Die Liebe –
welch ein lieblicher Dunst;
doch in der Ehe –
da steckt die Kunst.

Theodor Storm

♡

Der Strauß, den ich gepflücket,
grüß' dich vieltausend Mal!
Ich hab' mich oft gebücket,
ach, wohl eintausend Mal,
und ihn ans Herz gedrücket
vielhunderttausend Mal!

Johann Wolfgang von Goethe

Lass Monde leuchten oder untergehen:
Sie können nicht vor unserem Mond bestehen;
von unserer Liebe strahlt in allen Zeiten
ein Licht, das nicht berührt der Zeit Verwehen.

Arabisches Sprichwort

Lebe wohl! – du fühlest nicht,
was es heißt, dies Wort der Schmerzen,
mit getrostem Angesicht
sagtest du's und leichtem Herzen.
Lebe wohl! – Ach, tausend Mal
hab' ich es mir vorgesprochen
und, in nimmersatter Qual,
mir das Herz damit zerbrochen!

Eduard Mörike

Wer treue Lieb' sein Eigen nennt,
trägt ohne Murren auch die schlimmsten Tage;
wer aber treue Lieb' nicht kennt,
ist elend, ob er eine Krone trage.

Altindisches Sprichwort

Drum, Welt, leb wohl,
dein Letztes ward mir kund;
sei, ewige Liebe,
meines Daseins Grund.

Sir Philip Sidney

Ich weiß wohl, was Du liebst in mir:
Es ist die Glut in meiner Brust,
es ist die zauberhafte Zier
der tief geheimen innern Lust.

Clemens Brentano

So ist die Lieb'! So ist die Lieb'!
Mit Küssen nicht zu stillen.
Wer ist ein Tor und will ein Sieb
mit eitel Wasser füllen?

Eduard Mörike

Halt mich fest und nimm mich an,
sei mir treu allzeit,
Du die Frau und ich der Mann
für das Glück zu zweit.

Georg Ihmann

Du bist mir Licht in schwerer Zeit,
Du bist mir nah in Freud und Leid.
Du bist mir Frau, Freundin sogar,
mein Herz ist Dein für immerdar.

Georg Ihmann

O wer den Kuss erfunden,
der Liebe süßen Kuss,
der hat es tief empfunden
mit schmerzlichem Verdruss,
dass um der Lieb' Entzücken,
ihr Hoffen, ihren Harm,
ihr Sehnen auszudrücken
die Sprache viel zu arm.

Unbekannter Verfasser

Ohne Liebe, sag, wär da das Leben schön?
Sieh, nur die Liebe
kann Freude und Frohsinn erhöhn.

Persisches Sprichwort

Alle Dinge werden zur Quelle der Lust,
wenn man sie liebt.

Thomas von Aquin

Jetzt bist du da, dann bist du dort.
Jetzt bist du nah, dann bist du fort.
Kannst du's fassen? Und über eine Zeit
gehen wir beide die Ewigkeit
dahin – dorthin. Und was blieb?
Komm, schließ die Augen,
und hab mich lieb.

Christian Morgenstern

Poesiealbumverse

Poesiealbumverse

Haben Sie vielleicht auch eines? Irgendwo?

Schon seit mehreren Jahrhunderten finden heitere und besinnliche Verse ihren Weg in handgeschriebene Poesiealben, die oft der ganze Stolz ihrer Besitzer sind. Es erinnert an die, die man gekannt, geschätzt und geliebt hat. »Vergiss mein nicht«, mahnen die Verse darin. Denn hier tragen Freunde und Freundinnen, Verwandte, Bekannte und Wegbegleiter ihre guten Wünsche ein, Weisheiten über Freundschaft und das Leben. Und natürlich viele wunderschöne Reime über das schönste der Gefühle: *die Liebe*.

Doch ist es meine ganze Habe,
nur wenig kann ich dir noch weih'n,
nimm also als die beste Gabe,
mein liebend' Herz – es ist ja dein!

Gegen Liebe hilft kein Wehren,
wie die Dichter dichten.
Lieb' kann höchstes Glück bescheren,
sie kann dich auch vernichten!

In meiner Stube rußt der Ofen,
in meinem Herzen ruhst nur du.

♡

Heute wünsche ich dir,
was Liebe wünschen kann:
Sei glücklich! – Nimm von mir
mein Herz voll Liebe an.

♡

Wär' auch die ganze Welt mit Dornen rings umstellt,
ein Herz, das Liebe fühlt, bleibt stets ein Rosenfeld.

Drum prüfe, wer sich ewig bindet,
ob auch das Herz zum Herzen findet.

♡

Du sollst stets blühen und gedeihn.
Du bist für mich die schönste Blume
an meines Herzens Heiligtume.
Darum möcht' ich dein treuer Gärtner sein.

♡

Es reicht keine Kunst an das heran,
was die Liebe tut und die Liebe kann.

Alles Gute wünsch' ich dir!
Deine Liebe schenke mir.
Gleicher Sinn und gleiche Herzen,
gleiche Freuden, gleiche Schmerzen:
Sind sie nicht der Liebe Band,
welches ewig hat Bestand?

Rote Rosen steh'n im Garten,
tragen schönes grünes Laub.
Auf dich will ich immer warten,
bis ich werde einst zu Staub.

Jeder Mensch ist eine andere Welt;
da hilft nur eins:
die Brücke der Liebe.

Ich wünsch' Dir mich
und mir wünsch' ich Dich,
ist beides erfüllt,
kommt das Glück sicherlich.

Solange das Feuer aufwärts brennt,
solange das Wasser abwärts rennt,
solange der Rebensaft fließt rein,
so lang sollst du mir die Liebste sein.

Laub und Gras, das mag verwelken,
aber unsere Liebe nicht.
Du kommst mir aus meinen Augen,
aus dem Herzen aber nicht.

Heute zählt nur noch der Schein.
Überall nur Heuchelei'n.
Überall nur Triebe,
ich vermisse die Liebe.

Es weht auseinander der lose Wind
die Wellen und Wolken und Flammen.
Zwei Herzen, die füreinander sind,
die finden sich immer zusammen.

Glück soll es geben
in unserem Leben
Tag für Tag, alle Zeit
bis in Ewigkeit.

Wer die Freundschaft und die Liebe
nie gesucht mit heißem Triebe,
ist ein zehnmal ärm'rer Tor
als wie der, der sie verlor.

Wenn alle Ketten reißen,
wenn jedes Herz zerbricht,
wenn alle dich vergessen,
mein Herz vergisst dich nicht.

Alles bricht und alles fällt,
mit dem Leben in der Welt,
wahre Liebe nur allein
soll bei uns unsterblich sein.

Hab ich Lieb, so hab ich Not.
Meid ich Lieb, so bin ich tot.
Nun eh ich Lieb um Leid wollt lan,
eh will ich Lieb in Leiden han.

Liebe ist das Einzige, was wächst,
wenn man es verschwendet.

Mein ganzes Sein
ist ewig dein!

Mit der Laterne nicht,
mit dem Herzen suche die Menschen;
denn der Liebe allein
öffnen die Menschen ihre Herzen.

In der Liebe Paradies
lebt es sich unendlich süß.

Wie schön du bist!
Es hängt mein Glück
an deinem Bild, voll Götterglück.

Sollte alles auch vergehen,
uns're Liebe wird bestehen.
Rosen, Tulpen, Nelken,
alle Blumen welken,
nur die eine nicht,
und die heißt Vergissmeinnicht!

Mein Herz ist rein und sonnenklar,
mög' es so bleiben Jahr um Jahr,
und meine Bitte soll es sein,
schließ mich auch in dein Herz mit ein.

Wenn die Schwalben heimwärts ziehen
und die Rosen nicht mehr blühen,
wenn der Nachtigall Gesang
mit der Nachtigall verklang,
fragt das Herz in bangem Schmerz:
Ob ich dich auch wiederseh'?

Nur wenig' Worte will ich schreiben:
In deinem Herzen will ich bleiben.
Das sei der treuen Liebe Zeichen,
mag auch des Briefes Schrift verbleichen.

Die Erde kann vergehen,
die Sonne kann erblassen,
doch wahre Liebe
soll uns nie verlassen.

Es sollen blaue Blümchen licht
in deinem Garten sein.
Sie bitten dich: Vergiss mein nicht,
denn ich gedenke dein.

Die Rose hab' ich gebrochen,
der Dorn hat mich gestochen,
mit Blut hab' ich geschrieben:
Ich will dich ewig lieben.

Ein langes Gedicht,
das merk' ich mir nicht,
darum sag' ich nicht mehr,
als: »Ich liebe dich sehr!«

Der Schlüssel zu unserem Herzen
wird nie unsere Klugheit,
sondern immer unsere Liebe sein.

Gib dein Herz nicht für die Krone,
gib es dem, der dich auch liebt,
gib es dem, der dir zum Lohne,
auch das seine dafür gibt.

Ein klein wenig Liebe von Mensch zu Mensch
ist mehr wert als alle Liebe zur Menschheit.

Ein Herz voller Liebe ist nie arm,
erkaltet nicht, ist immer warm.
Es nimmt nicht, denn ein Herz, das liebt,
ist auch ein Herz, das immer gibt.

Ich liebe dich, ich küsse dich
im Sitzen und im Liegen.
Wenn wir einmal Engel sind,
dann küss' ich dich im Fliegen.

Im Tode wie im Leben
bleib' ich dir treu ergeben.
In deiner Augen Glanz
verlier' ich mich ganz.
Ich bin du,
und du bist ich,
kurz gesagt:
»Ich liebe dich!«

Wem heimlich sich die Liebe naht,
dem nützt kein Zaun und Stacheldraht.
Liebe bringt Tränen,
und das ist gewiss.
Aber die Tränen der Liebe sind süß.

Immer und ewig
liebe ich dich.
Ewig und immer
zögerte ich.
Es dir zu sagen
traut' ich mich nicht.
Nun schick ich heute
dir dieses Gedicht.

♡

Schön ist es, wenn zwei Sterne
sich nahe steh'n am Firmament,
auch schön, wenn zweier Rosen
Röte ineinander brennt.

Die Abwesenheit ist für die Liebe,
was der Wind für das Feuer ist:
Die kleinen löscht er aus,
die großen entfacht er.

Wenn zwei Menschen sich gefunden,
die sich lieben und verstehen,
sollen sie in allen Stunden
tapfer zueinander stehen.

Du bist wie eine Rose,
so schön und hold und rein,
drum sollst du auch die große
Liebe für mich sein.

Die Rose riecht,
die Dorne sticht,
die Liebe spricht:
»Vergiss mein nicht!«

Die Liebe bringt Freude,
die Tugend bringt Ruh',
drum wähle sie beide –
und glücklich bist du!

Wer geliebt, kann der vergessen?
Wer vergisst, hat der geliebt?
Denn lieben heißt ja nie vergessen
und vergessen nie geliebt.

Wenn du glaubst, ich lieb' dich nicht,
ich treib' mit dir nur Scherz,
so zünde ein Laternchen an
und leuchte mir ins Herz.

Ich sah zwei Schwalben fliegen,
da dachte ich an dich.
Wie die beiden sich lieben,
so liebe ich auch dich.

Liebe geht auf allen Wegen,
Treue geht für sich allein,
Liebe kommt dir stets entgegen,
aufgesucht will Treue sein.

Liebe im Herzen,
Treue im Sinn,
führen dich glücklich
durchs Leben dahin.

Ich liebe zwei Dinge,
eine Rose und dich,
einen Tag lang die Rose,
ein Leben lang dich.

Wenn du eine Träne
in meinem Auge wärst,
ich würde niemals weinen,
um dich nicht zu verlieren.

Als ich allein im Garten war,
belauschte ich ein Schwalbenpaar,
was sie dort trieben so zu zwein. –
Wie schön muss doch die Liebe sein!

Keine Rose, keine Nelke
kann blühen so schön,
als wenn zwei verliebte Seelen
beieinander tun steh'n.

Nimm eine Rose, diese Rose,
nenn sie leise Liebe,
und träum sie wachend dir
tief in dein Herz hinein.

Was du liebst,
kannst du nicht ersetzen,
was du ersetzen kannst,
hast du nie geliebt.

Alle Tage ist kein Sonntag,
alle Tage gibt's keinen Wein,
aber du sollst alle Tage
recht lieb zu mir sein.

Ich liebe dich allein,
kein andrer soll es sein,
kein andrer soll es werden,
solang' ich leb' auf Erden.

Hat es auch bei Dir gefunkt?
Ich, Dein treuester Adjunkt,
melde heut' dir, wer ich bin:
dein geliebter Valentin.

Die Ehe, dies weiß Mann und Weib,
ist gar ein kurzes Wort,
doch mancher buchstabiert daran
sein ganzes Leben fort.

Hinter einem Eisengitter
liegt ein Herz, das weint so bitter,
heb es auf, zertritt es nicht,
denn es heißt Vergissmeinnicht.

Wie sehr man einen Menschen liebt,
merkt man oft erst,
wenn man ihn verloren hat.

Freche Sprüche über die Liebe

Freche Sprüche über die Liebe

Sie kann so romantisch sein, die Liebe. Für den, der liebt, regnet es rote Rosen, er fühlt sich beschwingt, wie auf Wolken schwebend, sieht die ganze Welt in einem rosaroten Licht. Aber man kann sie auch mit einem Augenzwinkern sehen: als eine »angenehme Geisteskrankheit«, als einen »Boogie-Woogie der Hormone«, als den ewigen, spannungsreichen »Kampf der Geschlechter« …

Frei nach dem Motto »Was sich liebt, das neckt sich« finden Sie nun freche Sprüche neben humorvollen Erkenntnissen und heiteren Lebensweisheiten. Wahre Romantik ist hier nicht angesagt. Oder vielleicht doch, irgendwo und irgendwie zwischen den Zeilen?

Finden Sie es selbst heraus!

Ich liebe junge Männer. Sie wissen zwar nicht, was sie tun – aber sie tun es die ganze Nacht.

Madonna

♡

Liebe ist, wenn deine Neurosen zu den Neurosen des Partners passen.

Amelie Fried

♡

Romantische Liebe ist eine Geisteskrankheit. Aber eine angenehme.

Fran Lebowitz

Eigentlich geht im Prinzip alles,
aber ohne Liebe geht nichts.

♡

Die Liebe ist blind.
Wenn ich einen Mann liebe, dann frage ich erst im Nachhinein warum.

Gina Lollobrigida

♡

Die schwierigste Aufgabe einer Frau ist es,
einem Mann klar zu machen,
dass er ohne sie nicht leben kann.

Liebe lässt die Zeit vergehen,
aber mit der Zeit
vergeht auch die Liebe.

Frauen sind die Chamäleons der Liebe.
Wir Männer sind für sie nur die Farbe,
der sie sich jeweils anpassen.

Albert Chevalier

Die Liebe ist eine Dummheit,
die zu zweit begangen wird.

Napoleon

Die Liebe ist die Köchin des Lebens,
sie macht es erst schmackhaft,
aber sie versalzt es auch oft.

Wer ist in einem Dreiecksverhältnis der Betrüger,
wer der unsichtbare Rivale,
wer der erniedrigte Liebende?
Die Antwort, sie ist einfach:
Man selbst, man selbst und niemand als man selbst.

Erica Jong

Bei einer Liebeserklärung
kann eine Frau doppelt so schnell hören,
wie ein Mann zu sprechen im Stande ist.

Keine Frau schließt eine Ehe aus Berechnung.
Alle haben das Glück,
sich, ehe sie einen Millionär heiraten,
in ihn zu verlieben.

Cesare Pavese

Die Liebe ist eine Gemütskrankheit,
die durch die Ehe oft schnell geheilt werden kann.

Ich glaube an den Unterschied
zwischen Mann und Frau.
Ich liebe ihn sogar!

Elizabeth Taylor

Wenn eine Frau die Wahl hat
zwischen Liebe und Reichtum,
versucht sie immer,
beides zu wählen.

Die Liebe ist von allen Krankheiten
noch die gesündeste …

Die erste Liebe ist ein Versprechen,
das andere halten werden.

Senta Berger

Frauen heiraten in der törichten Hoffnung,
den Mann ihrer Wahl ändern zu können,
und die Männer tun es in dem Glauben,
dass ihre bessere Hälfte immer dieselbe bleibt.

Ein gesundes Liebesleben
ist für die Stimme einer Frau das Beste auf der Welt.

Leontyne Price

Die Liebe ist ein Käfig
mit Gitterstäben aus Glück.

Für Jugendsünden ist man
nie zu alt!

Eine Frau ohne Mann
ist wie ein Fisch ohne Fahrrad.

♡

Liebe ist jener seltsame Zustand,
den alle belächeln,
bevor sie davon befallen werden:
Morgens kann ich nichts essen,
weil ich an dich denke.
Mittags kann ich nichts essen,
weil ich an dich denke.
Abends kann ich nichts essen,
weil ich an dich denke.
Nachts kann ich nicht schlafen,
weil ich Hunger habe.

Wenn die Menschen sagen,
sie hätten ihr Herz verloren,
ist es meistens nur
der Verstand.

Wer sich die Liebe seiner Frau erhalten will,
sollte ihr gelegentlich mal etwas anderes schenken
als sein uneingeschränktes Vertrauen.

Die Liebe beruht auf einer starken Übertreibung des Unterschieds zwischen einer Person und einer anderen.

George Bernhard Shaw

An Rheumatismus und wahre Liebe
glaubt man erst,
wenn man davon befallen wird.

Marie von Ebner-Eschenbach

Liebe auf den ersten Blick
ist die Entschuldigung der Männer dafür,
dass sie es immer eilig haben.

Elke Sommer

Mit einer verliebten Frau
kann man alles tun,
was sie will.

Viele kleine Liebschaften
sind die fortschreitende Immunisierung
gegen die eine große Liebe.

Jeanne Moreau

Für mich ist Liebe wie eine große Hand,
die mich ganz umfasst.
Manchmal ist sie weich und warm,
und manchmal ist sie kratzig und tut mir weh.

Madonna

Verehrung ist
tiefgekühlte Liebe.

Françoise Sagan

♡

Glück in der Liebe bedeutet,
die Glut der Zuneigung zu entfachen,
bevor das Feuer der Leidenschaft verlöscht.

♡

Die Liebe hat nicht nur Rechte,
sie hat auch immer Recht.

Marie von Ebner-Eschenbach

Frauen möchten in der Liebe ganze
Romane erleben,
Männer dagegen nur Kurzgeschichten.

Daphne du Maurier

♡

Ehe ist,
wenn man trotzdem liebt.

♡

Die Schönheit brauchen die Frauen,
damit die Männer sie lieben;
die Dummheit,
damit sie die Männer lieben.

Eine jede Frau weiß:
Der Weg zum Herzen eines Mannes
geht nicht durch den Magen.
Das wäre viel zu hoch gezielt.

Man sollte nicht versuchen,
mit Sex das zu erreichen,
was nur die Liebe vermag,
oder mit der Liebe das, was nur der Sex schafft.

Mary McCarthy

Lieber öfter glücklich,
als einmal verheiratet.
Besser immer einen
als einen immer!

Wenn der Mensch verliebt ist,
zeigt er sich so,
wie er immer sein sollte.

Simone de Beauvoir

Ein Heiratsantrag
ist das größte Kompliment,
das ein Mann einer Frau machen kann.
Leider ist es meist auch das letzte.

Wir Frauen
verlieben uns doch immer in denselben Typ Mann.
Das ist unsere Form der Monogamie.

Lauren Bacall

Dies ist, o Freund, im Erdental
gewöhnlich so dein Lebenslauf:
Mit Liebesschmerzen fängst du an,
mit Rheumatismus hörst du auf.

Man sollte stets verliebt sein.
Das ist der Grund,
warum man nicht heiraten sollte.

Oscar Wilde

Die meisten Menschen brauchen
mehr Liebe, als sie verdienen.

Marie von Ebner-Eschenbach

Liebe ist wie Quecksilber,
das man in der Hand zu halten versucht:
Lass die Hand offen, und es bleibt.
Versuch, es festzuhalten, und es springt davon.

Dorothy Parker

Wir alle benutzen einander
und nennen es Liebe.

Tennessee Williams

Es ist immer noch leichter,
sich mit Männern herumzuschlagen,
als mit der eigenen Frau Krieg zu führen.

Honoré de Balzac

Liebe ist eine Art
von Kriegszustand.

Ovid

Liebe kann man nicht beschreiben,
Liebe muss man praktisch treiben.

Das Alter schützt vor Liebe nicht,
aber Liebe schützt bis zu einem gewissen Grad
vor dem Alter.

Jeanne Moreau

Frauen sind da, um geliebt,
nicht um verstanden zu werden.

Oscar Wilde

♡

Das Märchen endet meist mit der Hochzeit;
mit der Hochzeit aber meist auch das Märchen.

♡

Die wahre Tragödie des Don Juan
liegt darin,
dass er nur Beute,
niemals Jäger war.

George Bernhard Shaw

Ein Mann, der liebt, vergisst sich selbst.
Eine Frau, die liebt, vergisst die anderen Frauen.

Daphne du Maurier

Gehst du in den Ehestand,
führ den Mann mit zarter Hand.
Allzu starke Frauenpower
macht die Ehemänner sauer.

Männer, die lieben,
sind untauglich für das Vernünftige.

Hans Henny Jahn

Von Liebe zu träumen,
ist besser als Liebe in Wirklichkeit.
Die erregendste Anziehungskraft besteht
zwischen zwei Gegensätzen,
die nie zusammenkommen.

Andy Warhol

Es ist viel leichter,
für eine geliebte Frau zu sterben,
als mit ihr zu leben.

Lord Byron

Liebe ist etwas Ideelles,
Heiraten etwas Reelles.
Und nie verwechselt man ungestraft
das eine mit dem anderen.

Johann Wolfgang von Goethe

Männer heiraten, weil sie müde sind,
Frauen heiraten, weil sie neugierig sind,
und beide werden sie enttäuscht.

Oscar Wilde

Sex verliert nach einiger Zeit an Reiz,
und Schönheit verblüht.
Aber mit einem Mann verheiratet zu sein,
der einen jeden Tag zum Lachen bringt,
das ist das echte Glück!

Joanne Woodward (verheiratet mit Paul Newman)

Liebe ist der Inbegriff –
auf das and're pfeife ich.

Wilhelm Busch

♡

Solange eine Frau mit Blumentöpfen
nach ihrem Mann wirft,
liebt sie ihn auch.

♡

Nächstenliebe wäre leichter,
wenn der Nächste nicht so nahe wäre …

Norman Mailer

Heirate oder heirate nicht –
Du wirst es in jedem Fall bereuen!

Sokrates

Bei den Weibern weiß man nie,
wo der Engel aufhört
und der Teufel anfängt.

Heinrich Heine

Es gibt nur eine wahre Liebe –
aber tausend verschiedene Kopien …

Die meisten Frauen setzen alles daran,
einen Mann zu ändern –
und wenn sie ihn dann geändert haben,
mögen sie ihn nicht mehr.

Marlene Dietrich

Liebesbriefe schreibt man nicht
zum eigenen Vergnügen,
so wie ein richtiger Liebhaber
in der Liebe nicht an sich denkt.

Liebe ist nichts weiter
als ein Boogie-Woogie der Hormone.

Henry Miller

Wenn ich mit dem mein Liebeslager teile,
der sich in Sehnsucht fast nach mir verzehrt,
dann werde ich so süß und so verlockend,
dass er nie wieder etwas anderes begehrt.

Veronica Franco

♡

Richtig verheiratet ist nur der Mann,
der jedes Wort versteht,
das seine Frau nicht gesagt hat.

♡

Wenn es falsch ist zu lieben,
will ich nie wieder das Richtige tun!

Die wahre Liebe –
ein Gewebe von Bindungen, das einen werden lässt.

Antoine de Saint-Exupéry

♡

In der Liebe
sind die Vorspeisen
die eigentlichen Leckerbissen.

♡

Liebe ist,
lieber mit ihm
als ohne ihn
unglücklich zu sein.

Es ist unmöglich,
der Liebe wegen Reue zu empfinden –
denn Liebe ist keine Sünde.

Muriel Spark

Liebe ist Leben, das nicht stirbt.

Derek Jarman

Lieben heißt, keine Wahl zu haben.

Liv Ullmann

Das Geschenkbuch für Menschen mit Herz!

Gernot Gricksch

Die Bank der kleinen Wunder

Was haben ein hungriges Supermodel und ein Großstadtsingle, der plötzlich Vater wird, gemeinsam? Genau das Gleiche wie zwei Jugendliche, die sich gerade erst kennen lernen, und ein alter Mann, dessen Liebe seit Jahrzehnten ein Geheimnis ist: Sie alle erleben, wie die Bank der kleinen Wunder ihr Leben ein für alle Mal verändert! Denn hinter der »offiziellen Bewilligung des Freiluft-Sitzmöbels Kostengruppe IV b« verbirgt sich ein kleines Wunder – auf, unter und neben dieser ganz normalen Parkbank ereignen sich kleine Dramen und große Überraschungen, irrwitzige Verwicklungen und liebevolle Momente. Kurz: das Leben!

„Gernot Gricksch ist ein großer Erzähler
kleiner zärtlicher Geschichten."
Allegra

Knaur Taschenbuch Verlag

Sabine Kornbichler

Klaras Haus

Reif für die Insel

Ein Zufluchtsort für schwierige Zeiten – das soll laut Klaras Testament ihr Haus auf der Nordseeinsel Pellworm werden. Was man zunächst für eine Schrulle der Verstorbenen hält, wird schneller genutzt, als alle gedacht hätten – von Nina, deren Mann sie mit ihrer besten Freundin betrügt, und von Charlotte, der scheinbar glücklichen Mutter.

Ein ebenso hinreißender
wie einfühlsamer Roman über Abschied
und Aufbruch!

Knaur Taschenbuch Verlag

DAS BUCH FÜR JEDEN, DER EINE BESTE FREUNDIN HAT!

Tania Kindersley

Auf immer, nicht ewig

Nachdem die brave Ash ihre beste Freundin Virge zu Beginn des Studiums kennen gelernt hat, taucht sie immer tiefer in deren bunte Welt und ihren wilden Freundeskreis ein, der nur so wimmelt von Künstlern und Chaoten, die das Leben wie ein Abendessen mit Oscar Wilde feiern: perfekt inszeniert, voller Spaß und großer Gedanken – und doch zum Scheitern verurteilt, wenn das wahre Leben sie wieder einholt …

»Dieser Roman ist so traurig, dass man ihn sich einfach zu Herzen nehmen muss, und steckt voller Weisheit. Er ist einfach *sehr* gut.«

The Times

Knaur Taschenbuch Verlag